研究発表のための情報デザイン入門

スライドとポスターを効果的につくる

もくじ

		はじめに	04
1	研究発表スライドを知る	研究発表スライドの特徴	06
		スライドの情報量	06
		スライドの改善	07
2	レイアウトをつくる	縦横比	10
		余白	10
		整列	11
		グループ	13
3	ビジュアルを整える	コントラスト	16
		統一	18
		配色	19
		テキスト	24
		区切り	29

4	図表をつくる	フローチャート	32
		表	33
		グラフ	35
		写真	39
		キャプションとラベル	41
5	ポスターに応用する	ポスターの特徴	44
		余白	44
		段組	45
		整列	47
		グループ	48
		コントラスト	49
		統一	50
		配色	51
		コラム　デザインのプロセス	52
		おわりに	53
		参考文献・参考ウェブサイト	54

はじめに

　研究活動においては，グループ内でのミーティング，学会における口頭発表やポスター発表，研究費獲得のためのプレゼンテーションなど，自らの研究内容や成果を表現する機会が多くあります。発表資料の準備は，プレゼンテーション，表計算，グラフィックや映像編集などのアプリケーションを使って行われることが一般的になっています。しかし，それらのテンプレートに情報を載せていくだけで，相手に伝わる資料ができるわけではありません。

　本書では，研究の内容や成果を他者に伝えるための資料をどのように制作したらよいかについて，デザインの観点から，そのコツを解説します。わかりやく見やすい資料を作るためには，デザイン（＝設計とその実施）が必要だからです。デザインと聞くと特殊な技能のように感じられるかもしれません。実際にプロのデザイナーは長い時間をかけて専門の能力を身につけています。しかし，高度な専門教育を受けていなくても，発表に求められるデザインの技能を身につけ，活用することができます。

　本書は，デザインの教育を受けたことがない人を対象に，プレゼンテーションのスライドについて特徴を確認することから始めます。次にスライドのレイアウトを作り，ビジュアルを整えるという順番で解説を進めていきます。さらに，研究活動で必要となる図や表，写真の扱いにも触れます。その後に，スライド制作の応用として研究発表ポスターのデザインについて説明します。本書の必要な箇所だけを参照することもできますが，最初から順番に読むことでデザインのプロセスを知ることができるようになっています。

　デザインのコツを理解し，その基本とプロセスに即してわかりやすい発表資料を制作できるようになることが，本書の目標です。

1

研究発表スライドを知る

研究発表におけるスライドとは，研究の方法
や結果をプレゼンテーションソフトを使ってまと
めたものです。口頭による説明にあわせて，
プロジェクタからスクリーンに映し出されます。
この章では，スライドの特徴を確認し，例を
みながらスライドを改善してみます。

研究発表スライドの特徴

研究発表におけるスライドとは，研究の内容や結果をまとめたものです。学会における口頭発表やアウトリーチ活動において，プロジェクタからスクリーンに映し出されたスライドを用いながらプレゼンテーションを進めます。

研究発表スライドのデザインは，商品を宣伝するようなビジネスのスライドのデザインとは異なります。研究発表では，背景や目的，内容，結論について説明し，必要に応じてグラフ，表，図などを配置するため，多くの情報を整理してわかりやすく提示することが求められます。極端な印象操作などはせず，正確さや中立性・誠実性を追求するのも研究発表の特徴です。

限られた発表時間でも研究の内容を正確に伝えるためには，重要な箇所に視線を誘導する工夫が求められます。実際の発表会場では，長文を連ねたスライドや小さい画像を多数並べたスライドを目にすることがありますが，これは適切ではありません。プロジェクタの解像度は高くないため，スクリーンから離れている聴衆には内容がわからないスライドになってしまいます。このようなスライドでは，聴衆に短い時間で必要な情報を適切に伝えることは難しくなります。

研究発表スライドのデザインは，用いられる状況を考慮しながら進めることが大切です。

スライドの情報量

スライドには多くの情報を入れすぎないようにします。無理に1枚に収めるのではなく，区切りのよいところでスライドを分割します。1枚の情報量が少なくなることで，スライド上の情報に聴衆の意識が集中し，理解しやすくなります。「1分間で1スライド」や「箇条書きは6行まで」といった基準を聞くことがありますが，内容や図の有無にも依存しますので目安にとどめます。

スライドを配布資料にするからといって，小さな文字や図表を詰めこむことも避けるべきです。プレゼンテーションで使うスライドは，スクリーンに映すことを考え，情報量を控えめに作りましょう。

スライドの改善

　具体的なスライドのデザイン例を下に挙げます。学会の口頭発表で多くの聴衆が広い会場にいることを想像してみてください。どのような点が気になるでしょうか。スライドの見やすさはどうでしょうか。話されている内容の理解に役立っているでしょうか。

　スライドを作るときには，会場でプロジェクタから投影された像を見ながら話を聴いている状況を思い浮かべて，「聴衆からどのように見えるか？」という視点を持つことが大切です。デザインの良し悪しを個人の好みで考えると，色や書体の好き嫌い，経験などに大きく左右され，何が望ましいのかわからなくなってしまいます。唯一の正解というものはありませんが，スライドが見られる状況を判断材料に加えると，適切なデザインにつながります。

　次のページではこのデザインを改善してみます。基本的な文章構成を変えずに，レイアウトなどの視覚表現だけを変えてみました。

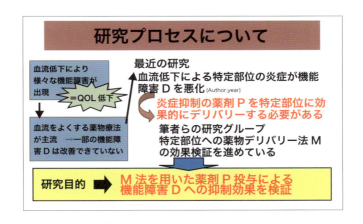

研究の背景

従来
血流低下により様々な機能障害が出現＝QOL 低下
血流をよくする薬物療法が主流
➡ 一部の機能障害 D は改善できていない

最近の研究
血流低下による特定部位の炎症が機能障害 D を悪化 (Author,year)
➡ 炎症抑制の薬剤 P を特定部位に効果的にデリバリーする
　必要がある

本研究の目的

筆者らの研究グループ
特定部位への薬物デリバリー法 M の効果検証を進めている

研究目的

> M 法を用いた薬剤 P 投与による
> 機能障害 D への抑制効果を検証

　同じ内容を掲載しているスライドですが，印象が大きく異なることでしょう。まず，スライドの枚数を増やし，1枚あたりの情報量を減らしています。こうすることでスライドに余白が生まれ，また，スライドのタイトルや見出し，強調したい情報が明確になっています。さらに，左揃えを徹底して，色数を減らすことで，統一感のある落ち着いたスライドになっています。

　このようなスライドを作るために必要となるのは，情報を視覚的にわかりやすく表現する情報デザインの知識です。上の改善されたスライドには，レイアウトや配色に情報デザインの知識が用いられています。

　次章からは，情報デザインの知識から研究発表スライドやポスターに適用できるルールを抽出し，どのように用いるかを解説しています。制作のプロセスに沿って，余白，配置，色や文字，グラフや図と進めていきます。

　まずは，次の第2章「レイアウトをつくる」から始めましょう。

2

レイアウトをつくる

スライドなどを作る際に，どの情報をどこに配置するかということをレイアウトと呼びます。レイアウト次第でスライドの読みやすさや印象が大きく左右されるため，まずレイアウトから考えます。この章では，レイアウトに必要となる，スライドの縦横比，余白，整列，グループについて解説します。

縦横比

はじめにスライドの縦横比を決めます。発表する場のプロジェクタの画面の縦横比がわかる場合はスライドの縦横比を合わせます。従来，縦横比は4:3がほとんどでしたが，最近ではワイド画面対応のプロジェクタが増えています。こうしたプロジェクタで縦横比が4:3のスライドを映し出すと，スクリーンの左右に使われない領域が生じるため，プレゼンテーションソフトでスライドの縦横比の設定を確認しましょう。なお，プロジェクタのワイド画面の縦横比は16:10であることが多いです。

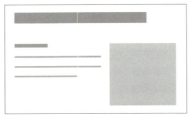

ワイド画面（16:10）

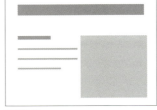

標準（4:3）

余白

続いてスライドの余白を決めます。必ず余白をとり，その領域からスライドの内容が出ないように注意します。余白はスライドの無駄な空間ではありません。余白が少なければ多くの情報を掲載することができますが，窮屈な印象になり，視線が定まりづらくなります。余白を多く取れば情報量は少なくなりますが，スクリーンの縁が視界から外れるので情報に集中できるようになります。目安としては，スライドの幅の5%程度とします。

ただし，画像はスライドの縁まで使うことでより大きく，かつ広がりを感じさせることができます。

標準的な余白（5%）

画像をスライドの縁まで入れる（裁ち落とし）

整列

　スライドのタイトルや見出し，本文，画像や表をなんとなく配置するのではなく，ラインに沿って整列させることを意識します。

　下の悪い例を見てください。タイトルと見出し，見出しと本文の位置関係が微妙にズレています。この微妙なズレによって，読み手の視線が安定せず，かつ，スライドが乱雑に作られたような印象すら与えます。これを改善するためには，右側の例のように，タイトル，見出し，本文を左揃えにして，ラインにぴったりと整列させます。冒頭スライドについても研究タイトルや所属，名前などを整列させることで，紙面全体が整った印象になり，見やすさが向上します。

　整列は左揃えを基本とし，中央揃えはなるべく避けます。中央揃えは揃っているラインを正確に意識することが難しく，「揃っている」感覚を持ちづらいというデメリットがあります。

2　レイアウトをつくる　　11

複数の画像を左右に並べるときは，画像の上と下のラインを揃えます。また，キャプションは画像の左端もしくは右端のラインに揃えます。画像とキャプションの間隔も統一します。
　グラフの場合は，キャプションの縦や横の位置のほかに，軸の位置や軸の長さを揃えます。薄い色の矩形を背景として敷くとより整った印象になります。

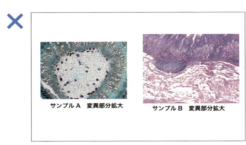

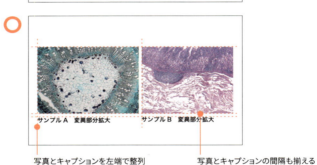

写真とキャプションを左端で整列　　写真とキャプションの間隔も揃える

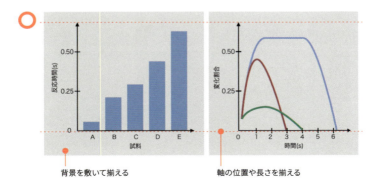

背景を敷いて揃える　　軸の位置や長さを揃える

グループ

　グループとは，スライドに配置する要素の距離を近づけたり遠ざけたりすることで，要素間の関連度合いを視覚的に表現したものです。人は距離が近いものを「関連のある情報」だと認識するため，内容に関連のある要素は距離を近づけ，異なる要素は距離を遠ざけて配置します。

　下の悪い例では，グループを意識せずに内容を均等な行間で配置したスライドを示しています。改善した例では，まず，タイトルと見出しの間を遠ざけています。さらに，見出しとその内容を近づけ，異なる項目の間には距離を確保しています。こうすることで，情報の大きな構造が見えるようになります。

　スライドに写真とその説明文を入れる場合は，写真と説明文を近づけ，同じグループにします。写真と説明文が離れていると無駄な視線の往復が生じるため，その関係を見つけるのに時間がかかります。

写真とテキストが離れている

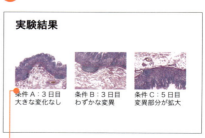
写真とテキストを近づける

2　レイアウトをつくる　　13

グループを作る際に枠をつけているスライドを見かけますが，これは避けたほうがよいでしょう。枠そのものがスペースを取ってしまうことに加え，要素が増えることで認識の妨げになってしまいます。枠の使用はまとめなどの一部分に抑え，必要な距離を確保することで対処します。

講義の内容
1：人間と薬学
・1年必修科目
・薬剤師の基本的な態度を学ぶ
・応急措置，AED，車椅子操作など
2：医療コミュニケーション
・2年必修科目
・コミュニケーションスキルを修得
・基礎編と実践編

講義の内容
1：人間と薬学
・1年必修科目
・薬剤師の基本的な態度を学ぶ
・応急措置，AED，車椅子操作など

2：医療コミュニケーション
・2年必修科目
・コミュニケーションスキルを修得
・基礎編と実践編

距離を確保する

3

ビジュアルを整える

レイアウトを決めたあとは，見出しの強調，
フォントや色の選択といった調整が必要です。
これらの調整が全体の完成度を左右します。こ
の章では，ビジュアルを整える具体的な方法を
解説します。

コントラスト

　コントラストとは，内容や意味の違う要素の間に視覚的な差をつけることです。コントラストがあることで，タイトルや見出しの位置が瞬時にわかるようになります。コントラストがない状態では，スライド全体が同じような重要度に見えてしまい，情報の構造が見えづらくなります。

　下の悪い例は，コントラストがない状態を示しています。すべての情報が平坦な印象に見えています。改善した例では，タイトルを太字に変更して図形と背景色を追加し，見出しを太字に変更して図形を追加したことで，メリハリが出ています。

ほかの組み合わせ例です。タイトルや見出しを変えるだけで，スライドの印象は大きく変わります。

コントラストをつけるときは，中途半端な差では同じなのか違うのかはっきりせず混乱を招くことになるため，視覚的に明確な差を作ります。差を生み出す方法としては，文字の大きさや太さ(ウエイト)を変更するほか，ライン，背景色，色，図形などのアイキャッチを追加することもできます。以下にそれらを見出しに適用した例を挙げます。

文字
文字を太く

研究の背景と目的

ライン
下線を引く

研究の背景と目的

ラインと文字色
下線を引く

研究の背景と目的

ライン（破線）
見出しの右から引く

研究の背景と目的 - - - - - - - - - - - - - - - - -

図形
先頭に矩形を配置

▌研究の背景と目的

図形
先頭に円を配置

● 研究の背景と目的

背景色
角丸・ベタ塗りの背景色

研究の背景と目的

ラインと背景色
薄い背景色と下線を引く

研究の背景と目的

数字
章番号と矩形

01 研究の背景と目的

3　ビジュアルを整える　　**17**

統一

　一連のスライドでは，本文の書体を揃え，見出しの色やアイキャッチとしての図形などを統一します。スライド全体を通して視覚的な要素を繰り返し使うことで，情報の構造がわかりやすくなります。また，雑然とした印象がなくなり，内容の信頼性を表現することができます。下の例では，タイトル，見出しに同じ色を使うとともに，見出しのデザインを統一しています。

　プレゼンテーションソフトにはスライドのデザインを統一できる機能がありますので，活用してみましょう。

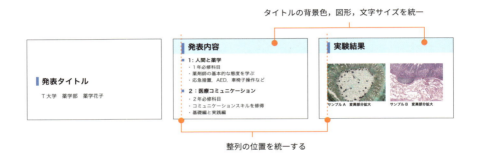

　見出し以外では，図とキャプションの関係，グラフの大きさや色，強調の方法などを統一します。グラフや表を統一する作業には手間がかかりますが，見やすさが確実に向上します。

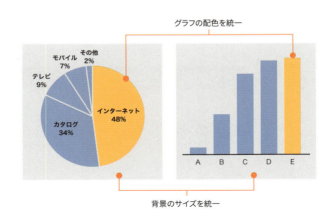

配色

　色はスライドの印象を大きく左右します。注目を集めようと多くの色を使うことは得策ではありません。目的をもって色を選ぶ必要があります。まず色の三属性を知っておくと，より適切に色を決めることができます。

色相：色合い，色味のことです。赤，青，黄など色を区別するものです。
彩度：色の鮮やかさのことです。彩度のある色は鮮やかで，彩度が低いほどグレーに近づきます。
明度：色の明るさの度合いです。明度が高いと白，明度が低いと黒になります。

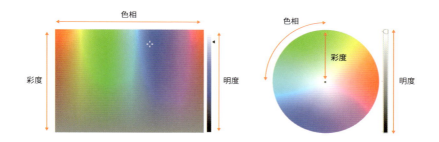

　色に関しておさえておくべきポイントを2つ挙げます。1点目は派手な色を避けるということです。派手な色とは「彩度の高い色」のことです。彩度の高い色はインパクトがあるので，つい使いたくなりますが，アカデミックな分野では本質的な内容への集中力をそいでしまい，中身のない発表という印象を与えかねません。一方，彩度がそれほど高くない色を組合わせると，落ち着いて内容に注目してもらえるようになります。

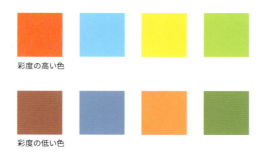

3　ビジュアルを整える　　19

2点目は，使用する色の数を少なくすることです。スライドを作りながら色をあれこれ選んでいくとあっという間に色数が増えていき，それぞれの色の役割が埋没してしまいます。まず最初に3色程度の色を選びましょう。この3色は漠然と選ぶのではなく，ベースカラー，サブカラー，アクセントカラーと役割を考えながら決めていきます。ベースカラーはスライドの基調となる色です。サブカラーはベースカラーに馴染む色で，同系色を選びます。アクセントカラーは文字どおりアクセントとなる強調色で，ベースカラーとは大きく異なる色を選びます。各色はおおよそ70％，25％，5％の割合で配色すると，それぞれの色の役割が明確になります。

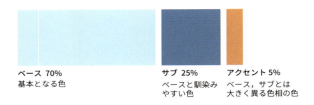

　実際にスライドを作ると3色では不足するケースもあります。このとき，新たな配色には無彩色や既存の色の同系色を選びます。無彩色とは彩度の無い色でグレー（灰色）のことです。グレーは色味を持たないため，追加しても配色のバランスに大きな影響を与えません。同系色とは，色味は同じで，明度や彩度を変えた色のことです。

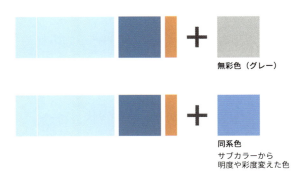

スライドの配色の例を示します。スライドは光を使うため彩度の高い色を表示できますが，研究発表では彩度の低い色合いを中心に使うべきであることは前述のとおりです。

グラフでは，色数を多く使わず，同じ種類のデータであれば同じ色を使います。違いを表現したいときは，色相が近くて明度差のある色を選び，全体の色数を抑えます。強調したい部分にはアクセントカラーを用いてもよいでしょう。

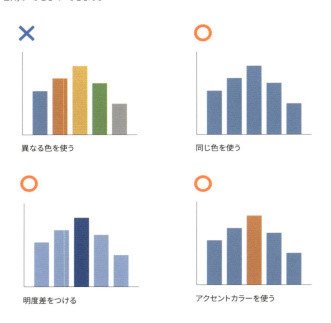

背景に色をつける場合には，文字の読みやすさに注意しながら文字色との組み合わせを調整します。明度差がないと読みづらくなりますので注意します。

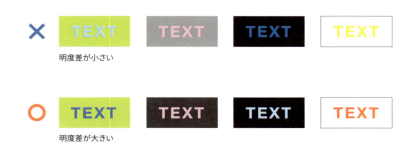

色を選ぶ際には，色覚特性についても考慮します。多くの人には異なって見える色が，同じ色や似た色に見える人がいます。日本人男性の5%（20人に1人），女性の0.2%（500人に1人），国内だけで男女合わせて320万人が該当すると言われています（カラーユニバーサルデザイン機構，2016）。大多数を占めるP型（1型色覚）やD型（2型色覚）では，赤系統と緑系統の色を区別しづらくなります。

　スライドやポスターにおいては，背景色と文字色の違いや，色分けされたグラフの違いを認識しづらくなるケースが考えられます。似た色，同じ色に見えるのは，原色では赤と緑，オレンジと黄緑，青と紫など，明度が低い色ではこげ茶と深緑，彩度の低い色ではグレーとピンクなどです。色の明度差をつける，色覚特性による見えかたの変化が少ない色を使う，といった配慮が有効です。

　色覚特性の違いによる見えかたの変化をシミュレーションできる機能を備えたソフトウエアやスマートフォンアプリもあります。P型，D型の見えかたを簡易に表示できるので，区別が可能か確認しておきましょう。色覚特性については，カラーユニバーサルデザインに関する書籍，ウェブサイトも参考にしてください。

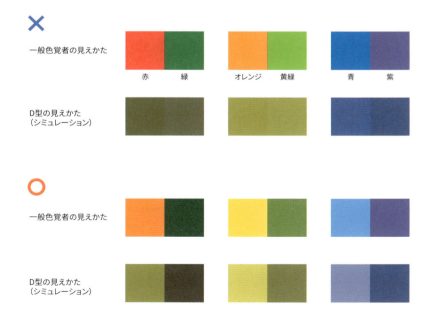

3　ビジュアルを整える　23

テキスト

　文字の種類や行間の設定は，スライドの印象に大きな影響を与えます。ここではフォント（書体）の種類，サイズ，ウエイト（太さ），行間，行揃えについて説明します。

フォント（書体）
　フォントには多くの種類があり，特徴もさまざまです。大きな分類として，和文フォントには明朝体，ゴシック体，丸ゴシック体，ポップ体など，欧文フォントにはセリフ体（ローマン体），サンセリフ体などがあります。
　和文フォントの明朝体の特徴は，縦と横とで線の太さが異なることです。横線が細いため端にでっぱり（うろこ）がついています。一方のゴシック体の特徴は，縦と横の線がほぼ均等になっていることです。欧文フォントにおいても同様で，セリフ体は横線が細く端に飾り（セリフ）がありますが，サンセリフ体は縦と横の線が同じ太さです。
　スライドで使うフォントはゴシック体とします。太さが均一であるほうが，遠くから見た場合の視認性が高いためです。

あ屋	あ屋
明朝体	ゴシック体
TS	TS
セリフ体（ローマン体）	サンセリフ体

ゴシック体　研究発表スライドの視覚的表現方法

明朝体　　研究発表スライドの視覚的表現方法

遠くから見た場合のイメージ

ゴシック体やサンセリフ体にもいくつかの種類がありますが，研究発表の場であれば標準的なフォントを用います。メイリオ，MSゴシック，Arial は標準で使えるPC環境が多いため，互換性が高いフォントです。共同で資料を作成する場合や他者のPCで発表する場合にも問題が起きづらいと言えます。

　一方で，環境的に使えるのであれば，もう少し読みやすく美しいフォントを選んでもよいでしょう。和文フォントでは游ゴシック体（Windows 8.1以降，OS X Mavericks以降），ヒラギノ角ゴ（Mac）などがあります。また，フリーでダウンロードできるNoto Sans CJK JP（Google）は，ウエイト（太さ）の種類が多いという点で使いやすいフォントです（p.26参照）。

　国際学会などにおいて英語で発表する場合は，欧文フォントを使います。和文フォントに付属している英数字のフォントは日本語と馴染むように調整されているため，英語のみでスライドを作る場合には適切ではありません。欧文フォントではSegoe UI（Windows），Calibri，Helvetica Neue（Mac）などを用います。

メイリオ	スライドの視覚的デザインと応用
MS ゴシック	スライドの視覚的デザインと応用
游ゴシック体	スライドの視覚的デザインと応用
ヒラギノ角ゴ ProN	スライドの視覚的デザインと応用
Noto Sans CJK JP	スライドの視覚的デザインと応用
Arial	How to give good presentations
Segoe UI	How to give good presentations
Calibri	How to give good presentations
Helvetica Neue	How to give good presentations

3　ビジュアルを整える

フォントサイズ

　スライドの場合は，プロジェクタの解像度が高くないため，意識して大きめのフォントサイズを使います。目の前のモニタでスライドを作っているときには小さいフォントサイズでも見えますが，プレゼンテーションの会場ではそうではありません。さほど大きくない会場でも，後列から見ると驚くほど視認性が低くなります。会場の後ろから見ても文字が無理なく読みとれるかどうか，意識しながら作っていきます。

　目安としては，タイトルが36ポイント以上，本文が28ポイント以上，キャプションなどが20ポイント以上です。

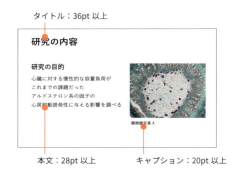

ウエイト（太さ）

　フォントにはいくつかの異なるウエイトが用意されていることがあります。ウエイトを変えて作られたフォントのグループはファミリーと呼ばれ，同じ字形でありながら太さの違いがあるため，使い分けがしやすいというメリットがあります。太いフォントをタイトルや見出しに，標準的な太さのフォントを本文に使うと，ウエイトの違いでコントラストをつけることができます。

游ゴシック体 Bold	**スライドの視覚的デザインと応用**
游ゴシック体 Medium	スライドの視覚的デザインと応用
Segoe UI Bold	**How to give good presentations**
Segoe UI Regular	How to give good presentations

行間

　文章の読みやすさは文字サイズのみで決まるものではなく，行間からも影響を受けます。ひとつの目安として，文字の高さを1とした場合に0.4～0.8程度の行間をとると読みやすくなります。

文字高 = 1
行間 = 0.4～0.8

ヒスチジンを含むが
必須アミノ酸のある

ヒスチジンを含むがリシンは含まない必須アミノ酸のあるものは，それらの脱アミノ産物であるα-ヒドロキシ，またはα-ケト酸によって，ラットの餌で置き換えることができる。ヒスチジンが必要なとき

行間 0.2

ヒスチジンを含むがリシンは含まない必須アミノ酸のあるものは，それらの脱アミノ産物であるα-ヒドロキシ，またはα-ケト酸によって，ラット

行間 0.75

　読みやすい行間は1行の長さ（行長）にも影響を受けます。行長が長い場合には，行間を広めにすると読みやすくなります。逆に行長が短い場合には，行間を少し狭くしたほうが読みやすくなります。

ヒスチジンを含むがリシンは含まない必須アミノ酸のあるものは，それらの脱アミノ産物であるα-ヒドロキシ，またはα-ケト酸によって，ラットの餌で置き換えることができる。ヒスチジンが必要なときにラットはイミ

行間 0.75

ヒスチジンを含むがリシンは含まない必須アミノ酸のあるものは，それらの脱アミノ産物であ

行間 0.45

3　ビジュアルを整える

行揃え

　とくに和文のときは行揃えに注意する必要があります。本文を左揃えで記述すると，右端が不揃いになって整列の効果が弱くなります。行揃えの設定を確認し，両端揃え（最終行左揃え）にします。

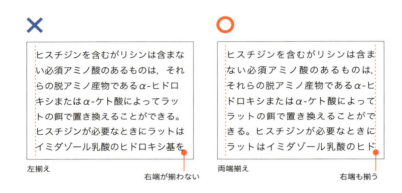

　欧文の場合は，左揃えが一般的です。両端揃えにすることもできますが，文字組を適切に設定しないと単語間にリバーと呼ばれる不自然な隙間が空いてしまい，文章としての読みやすさを損ないます。

区切り

　研究発表の内容は，「背景，目的，方法，結果，考察，まとめ」というように明確に分けられています。内容が変わるところに区切りを示すスライドを挿入しておくと，聴衆は心の準備をして聞くことができるため，理解の向上に役立ちます。

　区切りスライドは，前後のスライドと明確に変える必要があります。たとえば，背景をベタ塗りにしたり，ラインを入れたりすると，コントラストがついて違いが際だちます。

内容が変わる部分

背景色と下線

上半分をベタ塗り

4

図表をつくる

フローチャート，グラフ，写真といった図表は
文章では伝えることが難しい情報をひと目で伝
えることができます。一方で，正しい表現方法
を知らなければ，誤解を与えてしまう可能性も
あります。この章では，データを正しく表現す
るための図表の作りかたを解説します。

フローチャート

　処理や変化の流れを図で表したものがフローチャートです。文章では煩雑になることも，短時間で伝えることができます。フローチャートでは，流れを人の視線や意識と一致させる必要があります。

　人の視線は，横書きの文章においては，左から右，上から下，時計回りに流れるため，フローチャートで説明する場合はこの流れに逆らわないようにします。流れに逆らうと，不自然で理解しづらい図となります。スペースの都合で無理やり入れこもうとすると視線の流れを無視することになりがちなため，あらかじめフローチャートを入れるスペースを確保しておきます。

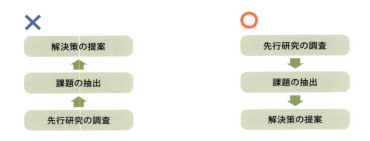

　フローチャートを構成する要素として，図形と矢印を用いますが，これらがバラバラなレイアウトにならないように整列します。用いる図のビジュアルにおいても，類似の情報，並列の関係にある情報どうしは形や大きさ，色を揃えます。濃い枠線や影はノイズとなるので使わないようにします。

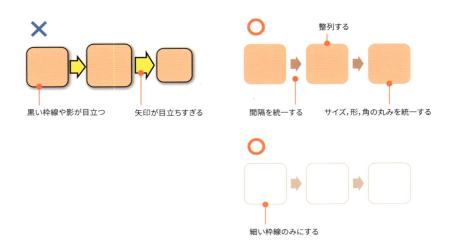

表

　見やすい表にするためには，データの読み取りにおいてノイズとなる要素を減らします。まずは罫線に注意します。罫線が太すぎると文字が見づらくなるため，罫線を細くしたり，薄くしたりして目立ちすぎないようにします。罫線そのものの数を減らしたり，罫線ではなくセルに背景色をつけたりして表を作る方法もあります。タイトル部分にはコントラストをつけるようにします。

タイトル行にコントラストをつける

試料番号	試料種別	最高値（個）	平均（個）
A	SBCD-100	150	118
B	SBCD-400	998	550
C	TVOi2-100	340	300
D	TVOi2-400	43	12

罫線を細く薄くする　　　セルに背景色をつける

試料番号	試料種別	最高値（個）	平均（個）
A	SBCD-100	150	118
B	SBCD-400	998	550
C	TVOi2-100	340	300
D	TVOi2-400	43	12

罫線を引かない　　　セルに背景色をつける

試料番号	試料種別	最高値（個）	平均（個）
A	SBCD-100	150	118
B	SBCD-400	998	550
C	TVOi2-100	340	300
D	TVOi2-400	43	12

横の罫線のみで構成する

4　図表をつくる　　33

表ラベル

　表のタイトル，ラベル（項目名），出典などもわかりやすく記述し，表だけで情報が完結するようにします。たとえば，ラベルに「条件1」「条件2」と記述してしまうと，表とは別の場所にある情報を探す必要が生じます。表だけで完結させるために具体的なラベルをつけます。

　セル内のデータが文字情報の場合は，罫線との間に余白をとることで文字が読みやすくなります。また，タイトル行など表の内容と異なる部分は，背景色を変えたり文字を太くしたりして，コントラストをつけます。
　セル内の項目名は左揃え，データは右揃えとします。ただし，数値データに小数部がある場合は小数点で揃えます。

グラフ

グラフにはいくつかの種類がありますが，表現したいデータに適したグラフとビジュアルで描かなければ，情報が伝わらないだけでなく，研究倫理の面からも適切ではありません。それぞれの特徴を理解し，使い分けましょう。

円グラフ

全体を構成するいくつかの項目がそれぞれどのくらいの比率を占めているかを示すもので，ひと目で割合を確認できるメリットがあります。ただし，項目数が多くなると項目ごとの違いがわかりにくくなるため，5項目くらいまでを目安にします。

データは大きいほうから順に，時計の12時の位置から時計回りに並べます。また，数値や項目名はグラフとは別にせずに，扇形（セグメント）の内部もしくは近くに書きます。セグメントを切り離すと比較が難しくなるので避けます。セグメントの間には細い区切り線を入れると見やすくなります。

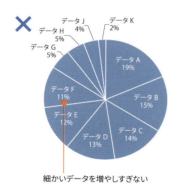

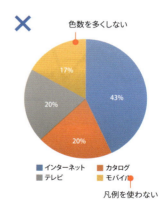

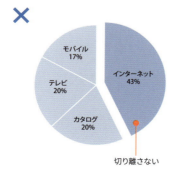

4　図表をつくる　35

折れ線グラフ

　温度，波長，時間などの連続量の変化にともなう特定の量の変化を表すグラフです。連続量を示す横軸と特定量を示す縦軸はそれぞれ，線形であったり対数であったりします。測定したデータ（および誤差範囲）をプロットして線では結ばず，近似曲線や理論値を線で表現することもあります。

　折れ線グラフはデータの数が多いと線の交差が増えて読み取りづらくなるため，交差の数に注意しながらデータ数や色数，太さなどを調整します。また，グラフの線やプロットに影やグラデーションをつけないようにします。折れ線どうしを区別することが難しい場合は，項目ごとに線やプロットの種類を変えるとわかりやすくなります。凡例を別に配置せず，各線の近くに項目名を記入します。

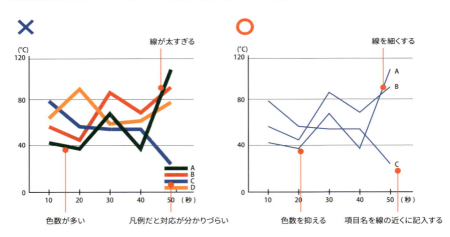

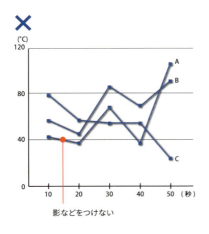

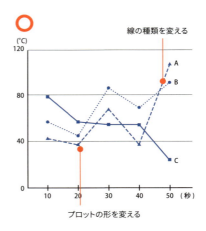

棒グラフ

折れ線グラフと用途が混同されがちですが，連続量ではなく，独立したいくつかの項目に対応する特定量を示す場合に用いられます。バーの長さでデータ値（および誤差範囲）を表現するため，項目間の値の比較に適しています。

比較しやすいように，グラフのバーが細すぎたり，バーの間隔が開きすぎたりしないようにします。グラフの正確な比較のためには，特定量を示す軸の開始値を0（ゼロ）にします。また，軸線の数が多いと見づらくなるため，読み取りやすさを損なわない範囲で数を減らします。項目名が長い場合は斜めにせず，横棒グラフを使うと項目名が読みやすくなります。

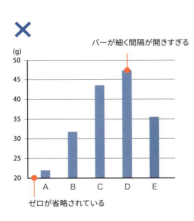

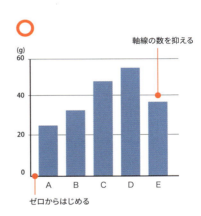

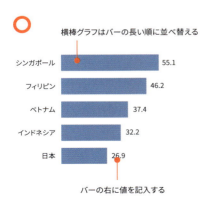

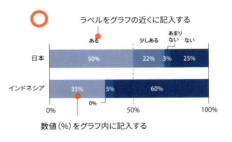

4 図表をつくる　37

グラフのデザイン

　表計算ソフトでグラフを描くとさまざまな効果をつけることができますが，基本的にグラフはシンプルに表現します。これは読みやすさの観点だけでなく，誤解を招かないために重要なことです。

　色については，項目ごとに色を変えるとグラフだけで多くの色数を使ってしまい，全体の配色と合わなくなってしまいます（p.20参照）。グラフの各項目は同じ色を使うことを基本とし，強調する必要があれば明度の違いで区別するようにしましょう。

　また，円グラフや棒グラフの3Dグラフの使用は避けます。3Dグラフにすると手前側が強調されて見えるために正確さに欠けるという問題があります。また，棒グラフの場合は，正確な高さがわかりづらくなります。3Dグラフの使用を避けることも，読みやすさの観点だけでなく，誤解を招かないために重要なのです。

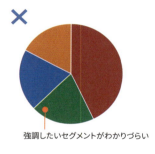
強調したいセグメントがわかりづらい

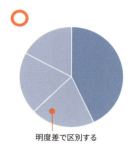
明度差で区別する

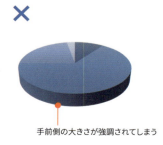
手前側の大きさが強調されてしまう

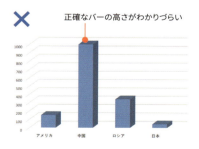
正確なバーの高さがわかりづらい

写真

　写真を含む画像データの扱いは慎重に行います。写真は観察された状況を再現しているメディアであると理解されているため，不適切な画像の変更は改竄とみなされることがあります。写真の扱いについては，研究分野や発表場所によって考えかたが異なることもあります。たとえば，色の変更を許可していないジャーナルもあります。まずは研究発表先の投稿規定・発表規定や研究分野の慣習をよく調べましょう。

　写真に対する加工は，元データから縦横比を変更しないことが重要です。縦に伸びたり，横に伸びたりしないように注意します。また，写真の中にスケールなどの文字を入れる場合は，文字の下に目立つ背景をつけないようにします。背景がコントラストを生み出して視線を引きつけてしまうため，本来見せたい部分が注目されない恐れがあります。

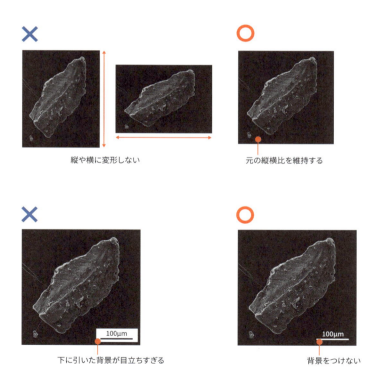

4　図表をつくる

発表に必要な部分をトリミングします。発表に関係のない部分が多く写っていると，そちらに気を取られて注目すべきポイントを逃してしまう可能性があります。全体写真と部分を拡大した写真の両方を掲載する場合は，全体の写真に拡大した範囲を表示します。広い範囲を示した写真から特定の部分に注目して欲しい場合は，そのポイントを矢印や丸で示すとわかりやすくなります。
　また，異なる条件で撮影された写真を並べるときは，間を空けて並べるようにします。間を空けないと同時に撮影された写真という誤解を招きます。

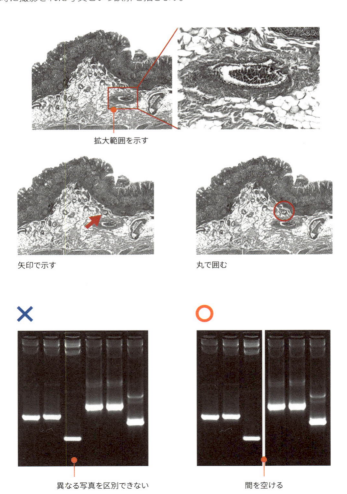

キャプションとラベル

　キャプションは図や表の内容を説明する重要な情報です。図とキャプションを読むだけで内容がわかるように具体的に記述し，必要な情報をすべて記入しておきます。
　軸のラベルについても同様です。複数の図を並べる場合にも，連番やアルファベットだけを記すのではなく，個々の図に簡単な説明を加えましょう。

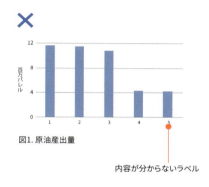

図1. 原油産出量

内容が分からないラベル

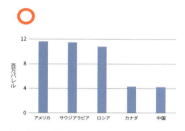

図1. 主要5カ国の一日あたりの原油産出量（2014年）
出典：BP, Statistical Review of World Energy 2015

内容を具体的に説明する　　出典がある場合は加える

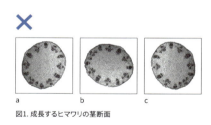

図1. 成長するヒマワリの茎断面

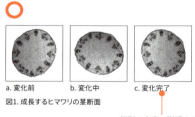

図1. 成長するヒマワリの茎断面

個別の内容を説明する

4　図表をつくる　　41

5

ポスターに応用する

スライドを対象に解説した前章までの内容は，研究発表ポスターの制作にも応用できます。ただし，ポスターの場合は1枚にすべてをまとめるため，レイアウトに一層の配慮が求められます。本章では，ポスターの制作におけるデザインを考えていきます。

ポスターの特徴

　研究発表ポスターは学会会場のパネルなどに貼りだされ，来場者は会場内を歩き回りながら興味を惹かれたポスターの前で立ち止まり，内容を読みます。発表者がポスターの前にいる場合には，来場者への内容の説明や質疑応答を行います。

　ポスターのデザインは，スライドのデザインより難しくなります。スライドは発表しながらページを進めるため，情報量や説明の速度を調整できますが，ポスターはすべての情報が1枚にまとまっています。研究の内容を正確に伝えることと同時に，短い時間でも研究の内容がわかるように工夫する必要があります。じっくりと読まれない可能性も考慮しながら，デザインを進めましょう。

余白

　はじめに余白を決めます。ポスターの紙面をどの領域まで使用するかを決めることになります。余白を少なくするほど多くの情報を掲載することができますが，視線を定めづらくなるので内容が伝わりにくくなります。余白を多く取ると情報量は少なくなりますが，視線を誘導することができ，落ち着いて内容に集中してもらえるようになります。

　目安としては，紙の幅の5%程度とします。たとえばA0サイズを縦に使う場合は，紙幅が841mmですので，上下左右の各辺に40mmを取ると標準的な余白が確保できます。

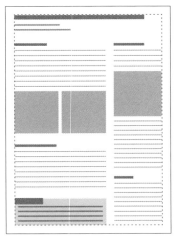

標準的な余白(5%)

標準より少ない余白(3%)

段組

　ポスターの視覚的な構造を決めるものが段組です。段組があることで，読み進める順序や内容が明確になります。論文では均等な幅の2段組が多く使われますが，ポスターではその形にこだわる必要はありません。たとえば，左右の段の幅を変えると印象が変わります。また，ポスターのサイズが大きくなると，1段の幅が長くなって文章が読みづらくなることがあります。その場合は見出し部分のみを飛び出させると，本文の1行の幅を抑えつつ，見出しの読みやすさを改善できます。

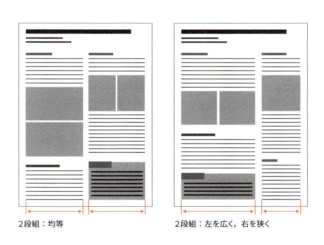

2段組：均等　　　　　　　　　　　2段組：左を広く，右を狭く

2段組：異なる幅の組み合わせ　　　　2段組：均等，段の幅を狭く

紙を横方向に使う場合は，3段組や4段組など段数を増やして，行が長すぎないように注意します。そのうえで，結論など一部の段落を連結すると，変化が出て注目されやすくなります。

　発表の会場では，来場者は立ったまま内容を読むことがほとんどです。論文と異なり手元に紙はなく，ほかの来場者もいるために斜め読みになりがちです。このとき，肝心な情報をポスターの下のほうに書くと，目が届かない可能性があります。注目されやすい場所を意識して，重要な情報をあえて上部に配置するなどの工夫も考えてみましょう。

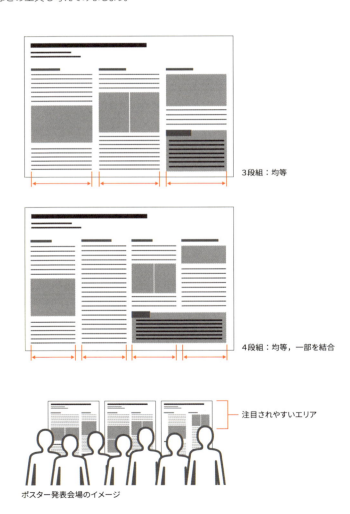

3段組：均等

4段組：均等，一部を結合

注目されやすいエリア

ポスター発表会場のイメージ

整列

　段組を決めたあとは，段の内容を作ります。このとき，タイトルや見出し，本文，図や写真を段組の中に漠然と配置するのではなく，整列させることを意識します。

　下の悪い例を見てみましょう。2段組で作られていますが，見出しと本文，図と本文の位置関係が微妙にズレています。この微妙なズレによって，全体がまとまりのない印象になります。これを改善するためには，タイトルと所属名，見出し，本文を左揃えにして，ラインにぴったりと整列させます。また，左の段に食いこんでいた図が右の段に収められ，明確な意図を持って整列させていることが感じられます。タイトルや所属名，見出しと本文，図や表とキャプションなどの表示位置を揃えることで，紙面全体が整った印象になり，見やすさが向上します。

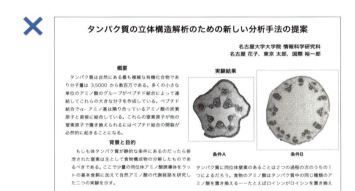

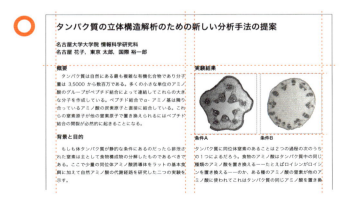

グループ

　ポスターに配置する要素の距離を近づけたり遠ざけたりすることで，要素間の関連の程度を表現し，情報のまとまりを可視化します。

　下の悪い例では，整列させてはいるもののグループが作られていないポスターを示しています。改善した例では，まず，タイトル，所属名，氏名の部分と本文の部分を離して配置しています。さらに，見出しとその本文との距離を近づけ，異なる章の間には距離を取っています。タイトルと氏名・所属を近づけ，見出しと本文を近づけるだけでも，情報の大きな塊が見えるようになります。

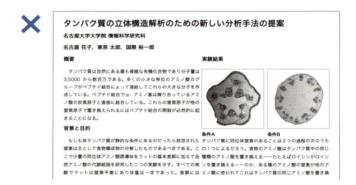

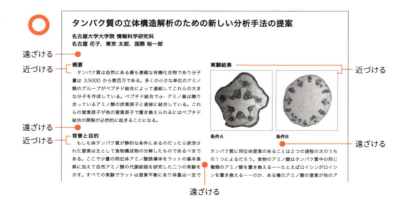

コントラスト

　コントラストは，ポスター全体の情報の構造を表現する大切な要素です。

　下の悪い例では，コントラストがない状態を示しています。全体がぼんやりとした印象で，視線を定めにくくなっています。改善した例では，タイトルや見出しの文字色を変え，背景色やラインを追加しています。コントラストがあることで，タイトルや見出しの位置が瞬時にわかり，ポスターの章立てや結論などの重要な情報の位置を把握しやすくなっています。

タンパク質の立体構造解析のための新しい分析手法の提案

名古屋大学大学院 情報科学研究科
名古屋 花子，東京 太郎，国際 裕一郎

概要
　タンパク質は自然にある最も複雑な有機化合物であり分子量は 3,5000 から数百万である。多くの小さな単位のアミノ酸のグループがペプチド結合によって連鎖してこれらの大きな分子を作成している。ペプチド結合でα-アミノ基は隣り合っているアミノ酸の炭素原子と直接に結合している。これらの窒素原子が他の窒素原子で置き換えられるにはペプチド結合の開裂が必然的に起きることになる。

背景と目的
　もしも体タンパク質が静的な条件にあるのだったら排泄された窒素は主として食物構成物の分解したものであるべきである。ここで少量の同位体アミノ酸誘導体をラットの基本食餌に加えて自然アミノ酸の代謝経路を研究した二つの実験を示す。すべての実験でラットは窒素平衡にあり体重は一定で

実験結果

条件A　　　　　条件B

タンパク質に同位体窒素のあることは2つの過程の次のうちの1つによるだろう。食物のアミノ酸はタンパク質中の同じ種類のアミノ酸を置き換える――たとえばロイシンがロイシンを置き換える――のか，ある種のアミノ酸の窒素が他のア

　　　　　　　　　　　　　　　　　　　　背景色の追加

タンパク質の立体構造解析のための新しい分析手法の提案

名古屋大学大学院 情報科学研究科
名古屋 花子，東京 太郎，国際 裕一郎

概要
　タンパク質は自然にある最も複雑な有機化合物であり分子量は 3,5000 から数百万である。多くの小さな単位のアミノ酸のグループがペプチド結合によって連鎖してこれらの大きな分子を作成している。ペプチド結合でα-アミノ基は隣り合っているアミノ酸の炭素原子と直接に結合している。これらの窒素原子が他の窒素原子で置き換えられるにはペプチド結合の開裂が必然的に起きることになる。

背景と目的
　もしも体タンパク質が静的な条件にあるのだったら排泄された窒素は主として食物構成物の分解したものであるべきである。ここで少量の同位体アミノ酸誘導体をラットの基本食餌に加えて自然アミノ酸の代謝経路を研究した二つの実験を示す。すべての実験でラットは窒素平衡にあり体重は一定で

　　文字色の変更，ラインの追加

実験結果

条件A　　　　　条件B

タンパク質に同位体窒素のあることは2つの過程の次のうちの1つによるだろう。食物のアミノ酸はタンパク質中の同じ種類のアミノ酸を置き換える――たとえばロイシンがロイシンを置き換える――のか，ある種のアミノ酸の窒素が他のア

5　ポスターに応用する　　49

統一

1枚のポスターにおいては，本文の書体を揃え，見出しの色などを統一します。ポスター全体に視覚的な要素を繰り返し使うことで，情報の構造がわかりやすくなります。また，雑然とした印象がなくなり，信頼できる印象を与えることができます。

下の悪い例では，見出しやタイトルの要素や色が雑多で，全体がまとまりのない印象を与えます。改善した例では，タイトル，見出しに同じ色を使うとともに，見出しのデザインを統一しています。

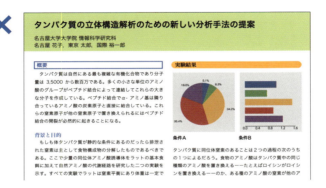

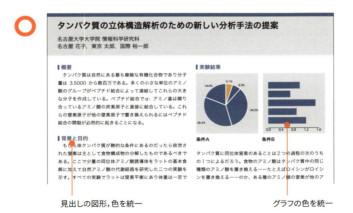

見出しの図形，色を統一

グラフの色を統一

配色

　ポスターの配色の好ましい例を示します。ポスターは印刷サイズが大きいため，彩度の高い色を広く使うと内容よりも色に気を取られてしまいます。彩度の低い色を中心に使い，落ち着いて読めるようにしましょう。

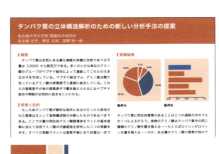

5　ポスターに応用する　51

デザインのプロセス

スライドやポスターを制作するときは，いきなりアプリケーションソフトを使って作業に取りかかるのではなく，デザインのプロセスを守ることで，よりよいデザインにつなげましょう。

はじめに情報の整理が必要です。これから作ろうとするポスターやスライドのなかで，提供する情報を整理しましょう。必ず載せる情報とそれ以外の重要度の低い情報に選別しておきます。

次にレイアウトのラフを紙に手書きします。スライドの場合は，各スライドのタイトルや文章，図や表がわかるようにしましょう。ポスターの場合は，段組を考え，おおよそどの情報をどこに配置するのか，という点がわかるように書いていきます。グラフや表の大きさを考え，見出しの文言まで決めていきましょう。ラフができたら，全体を見直して，情報のバランスや相手が理解しやすい流れになっているか，ということを確認します。この全体を見る作業を行なうことで，客観的に資料のデザインを推敲できます。不十分なところがあれば，修正を繰り返します。

最後に，案をもとにソフトを使ってデザインします。レイアウトなどはすでに決めてあるので，あとはビジュアルを作りこんでいくだけです。この段階でラフのとおりにできない部分があれば，修正しても構いません。ただし，場当たり的に修正するのではなく，ラフで確認した全体の流れを損ねないように注意しましょう。

おわりに

　本書では，研究発表のスライドやポスターを作る具体的なデザインの方法について説明してきました。まずはこの本に書かれたとおりにスライドやポスターを作ってみましょう。慣れてきたときや，実際に作ってみたら本書のとおりにいかないときには，学んだ知識を応用して取り組んでみてください。巻末に参考文献を挙げていますので，それらも活用するとよいでしょう。

　なお，研究の内容や成果といった学術情報においては，根拠や論理の正確さが強く求められます。本書では紙面の都合で詳しく取りあげませんでしたが，引用情報や図表データの作成にかかわる情報も含めて，資料の内容が適確であるように，論理性が表現されるように，常に意識してほしいと思います。

　さらに，研究発表資料は口頭による説明と同時に用いられる場合が多いことにも留意したいところです。目から入る情報と耳から入る情報とが相補って，より深い理解をもたらすことが理想です。これらの条件を満たす資料をデザインするために，本書を存分に活用してもらえたら幸いです。

　本書の発端は，名古屋大学高等教育研究センターが同大学院情報科学研究科企画評価委員会との連携のもとに数年間にわたって開催してきた課外セミナー（「研究発表資料をつくる」ほか）でした。このセミナーは大学院生のトランスフェアラブルスキル向上のための取り組みとして教育関係共同利用拠点事業のなかで実施され，セミナーの内容を練り上げて名古屋大学大学院共通科目として「研究のビジュアルデザイン」を開講するに至りました。このときにテキストとして制作されたのが本書の原版『研究を視覚的に伝える―学術情報デザインの基礎』（2013）です。セミナーならびに書籍の企画提案を齋藤，本文執筆を遠藤と齋藤，監修を茂登山と齋藤がそれぞれ担当しました。その後も，授業からのフィードバックや研究倫理教育の動向などをふまえ，図表制作の章を新たに立てるなどの改訂を続けてきたところです。今般は，事例と構成を大幅に見直し，正式な書籍として本書を出版することになりました。

　本書完成までにご協力いただいた皆さまに御礼申し上げますとともに，本書が読者の方々の学術交流促進とさらなる研究の発展に寄与できることを願っています。

参考文献・参考ウェブサイト

- イソムラアユム，『感じるプレゼン―イソムラ式ユニバーサルプレゼンテーション 』，UDジャパン，2006
- 遠藤潤一，奥村和則，寺田勝三，内藤美千絵，茂登山清文ほか，デザインリテラシー研究会編，『情報デザインベイシクス― DTP・プレゼン・ウェブを始める人のために 2nd edition』，ユニテ，2008
- 岡部正隆監修，カラーユニバーサルデザイン機構原案，福井若恵コミック，『色弱の子どもがわかる本 家庭・保育園・学校でできるサポート術』，かもがわ出版，2016
- 佐藤直樹，ASYL，『増補改訂版 レイアウト、基本の「き」』，グラフィック社，2017
- ジェーン・E・ミラー，長塚隆訳，『数を表現する技術 伝わるレポート・論文・プレゼンテーション』，オーム社，2006
- 高岡重蔵監修，高岡昌生，『欧文組版 組版の基礎とマナー』，美術出版社，2010
- 高橋佑磨，片山なつ，『伝わるデザインの基本 増補改訂版 よい資料を作るためのレイアウトのルール』，技術評論社，2016
- 田中佐代子，『PowerPointによる理系学生・研究者のためのビジュアルデザイン入門 』，講談社，2013
- ドナ・ウォン，村井瑞枝訳，『ウォールストリート・ジャーナル式図解表現のルール』，かんき出版，2011
- 中川聰，『グラフィックデザイナーのためのユニバーサルデザイン実践テクニック51』，ワークスコーポレーション，2011
- (財)日本色彩研究所，(社)全国服飾教育者連合会監修，『色のユニバーサルデザイン』，グラフィック社，2012
- ピーター・J・ゴズリング，徳田耕一，北村房男訳，『科学者のためのポスターセッションガイド』，丸善，2001
- 樋口泰行，『だれでもレイアウトデザインができる本［新装版］』，エクスナレッジ，2019
- 宮野公樹，『学生・研究者のための使える! PowerPointスライドデザイン 伝わるプレゼン1つの原理と3つの技術』，化学同人，2009
- ロビン・ウィリアムズ，吉川典秀訳，『ノンデザイナーズ・デザインブック［第4版］』，毎日コミュニケーションズ，2016
- Björn Gustavii, *How to Write and Illustrate a Scientific Paper*, Second Edition, Cambridge University Press, 2008
- Robert A. Day, Barbara Gastel, *How to Write and Publish a Scientific Paper*, Seventh Edition, Greenwood Pub Group, 2011
- Adobe Color CC，URL https://color.adobe.com/ja/（最終アクセス:2020年1月17日）
- NPO法人 カラーユニバーサルデザイン機構，URL https://www.cudo.jp/（最終アクセス:2020年1月17日）

本書に記載されている会社名，商品名などは各社の商標および登録商標です。

本書で用いた図の一部はAdobe Stock，iStockによるものです。
Claudio Divizia - stock.adobe.com
Bondarau - stock.adobe.com
ekaterinabrovi - stock.adobe.com
iStock.com/vshivkova

本書の一部は科学研究費補助金 2014–2016年度 基盤研究 (B) 26284031「大学における
ヴィジュアルリテラシー教育の実践とその基礎理論の構築」の助成を受けたものです。

教材開発

茂登山清文　名古屋芸術大学大学院デザイン研究科デザイン専攻 教授
遠藤潤一　　金城学院大学国際情報学部国際情報学科 准教授
齋藤芳子　　名古屋大学高等教育研究センター 助教

協力

秋庭史典　　名古屋大学大学院情報科学研究科 准教授
櫻井浩子　　東京薬科大学薬学部生命・医療倫理学研究室 准教授

連携

ヴィジュアルリテラシー研究会

後援

名古屋大学高等教育研究センター

研究発表のための情報デザイン入門
－スライドとポスターを効果的につくる－

2018年3月20日　初版
2020年3月20日　第2版

監修　　　齋藤芳子・茂登山清文
執筆　　　遠藤潤一・齋藤芳子
装丁　　　遠藤潤一
制作　　　名古屋サイエンスコミュニケーション教育研究会
発行・印刷　株式会社中部日本教育文化会
　　　　　〒465-0088　愛知県名古屋市名東区名東本町177番地
　　　　　052-782-2323
　　　　　http://www.chunichi-bunka.co.jp/

Printed in Japan
ISBN 978-4-88521-918-4